北海道 大地の理《ことわり》

北の鼓動に耳を澄ませて

秋野禎木
Akino Tadaki

亜璃西社

はじめに

磯田憲一さんの歩みを連載記事で書き留めておきたいと思い始めたのは、私が三十六年余り勤務した新聞社の退職が一年後に迫ったころだった。

磯田さんといえば道職員時代、「時のアセスメント」など数々の注目される施策を打ち出し、その名を広く知られた政策マン。道庁を離れてからも「君の椅子プロジェクト」など、人の胸を打つ取り組みを続けてきた。

私が記者として磯田さんの取材をさせてもらうようになったのは二十数年前だが、磯田さんはいつも、押し寄せる難題に真正面から向き合い、悩みながら、闘いながら、進むべき針路を探っていたように思う。

その姿を改めてたどることは、さまざまな政策や事業の意味を振り返るだけでなく、私たちが歩いてきた時代、そしてまた、この北海道に流れていた時間を見つめ直す契機にもなるかもしれない、そんな思いもあった。

二〇一九年六月から週一回のペースで始めた連載（十回）は、タイトルを「大地の 理《ことわり》」とした。

磯田さんは「北海道」にこだわり抜き、この北の大地に耳を澄まし、目を凝らし、時に勇気をもらって歩んできた。そんな姿を思ううち、「理」という文字が不意に浮かんだ。物事の摂理や条理……。北の大地を踏みしめる磯田さんの姿を綴る連載には、「理」という言葉こそ相応しいものに思われた。

新聞社を去った後、連載記事を一冊にまとめてはどうかという有難いご提案をいただき、連載をベースにして大幅に加筆した。取材メモを改めて読み返しながら、この大地を通り過ぎて行った戻らない過去や、まだ姿が見えない未来が、混然となって吹き抜けてゆくような不思議な感覚を、何度か味わった。

この拙文を読んでいただける方々に、磯田さんの確かな歩みとともに、かけがえのない大地が語りかけてくるものの一端でも伝われば、望外の喜びである。

秋野禎木

二〇二三年春

北海道　大地の理《ことわり》＊目　次

写真　石毛壮郎
挿画　田川博規
装丁　江畑菜恵

プロローグ

高倉健が主演の映画「鉄道員《ぽっぽや》」が公開されたのは、一九九九年初夏のことだった。

この作品は、廃止が迫るローカル線の終着駅で鉄道一筋に生きる駅長の姿を描いたベストセラー小説を映画化したものである。キャストの豪華な顔ぶれに加え、ロケが北海道の中央部、南富良野町のＪＲ幾寅駅で行われたことも、道内の映画ファンの間で大きな話題になっていた。

当時、道の上川支庁長（現・上川総合振興局長）だった磯田憲一も、旭川市内の映画館に足を運んだ。ロケ地の南富良野は、自身が高校時代を過ごした富良野市の隣町。映画の中で「幌舞駅」として登場する幾寅駅は、富良野高校時代の親友の父親が駅員をしていたこともあって、何度も遊びに行った懐かしい場所だった。

スクリーンに現れた黒いコート姿の高倉健が演じる駅長は、その名を「佐藤乙松」といった。

磯田は虚を突かれた。

「さとう　おとまつ」

三十年以上前に邂逅した一人の老人が、遠い記憶の底から蘇った。


一九六七年（昭和四十二）春、明治大学を卒業して道庁入りした磯田が最初に配属されたのは、帯広市の十勝支庁（現・十勝総合振興局）福祉課保護第四係だった。生活保護を担当するケースワーカーである。先輩職員のオートバイの後ろに乗って、生活に困窮する六十〜七十世帯の担当先を回る駆け出しの日々。その中に、足寄町に住む身寄りのない七十歳ぐらいの老人がいた。

名を、佐藤乙松といった。

寒い季節だった。体調を崩して帯広市内に入院していた乙松老人がやけどをしたと、病院から連絡があった。急いで駆け付けた。丹前を羽織ってストーブにあたっているうちに、背中に火がついてしまったのだという。折悪しく、その病院の医師は出張中で、すぐには治療ができない。磯田は痛がる乙松老人を担架に乗せ、別の病院に運んだ。

翌朝、職場の席についた磯田に、乙松老人が息を引き取ったという知らせが入った。病院へと走った。冷え冷えとした霊安室に、唐突に人生を終えた乙松老人が横たわっていた。痛がるのに転院させたのが悪かったのかと、自責の念もよぎった。身内の死にさえ立ち会ったことがない若い磯田は、呆然としながら、腕をさすり、掌を組ませ、看護師と一緒にその足を持って納棺した。

乙松老人に身寄りはない。連絡できる相手もいない。その人生の最期の時間に、一番身近にいたのが担当者の磯田だった。上司である係長に「今夜は一緒にいてやりたい」と相談した。係長は「そこまでやらなくてもいいだろう」と言ったが、それでも飲めない酒を買ってくると、黙って長い通夜の夜を付き合ってくれた。

乙松老人の境遇は、新潟の出身で、十勝に流れてきたということ以外、何も分からなかった。どんな家庭に生まれ育ったのか。友人もいただろう。家族で温かな団欒の時を過ごしたこともあったかもしれない。それが、どんな事情をたどって誰に看取られることもなく、その生涯を閉じることになったのか。

高倉健が演じた乙松駅長は、時代に抗いながら不器用な鉄道員人生を歩み、駅のホームで倒れて最期を迎えた。十勝の乙松老人も、あるいは不器用に生きて、やがて天涯孤独になっていたのかもしれない。

翌日、火葬をして遺骨をひろい、無縁仏として埋葬した。

同姓同名はまったくの偶然だ。だが、磯田はスクリーンの向こうに、十勝の乙松老人の面影や、駆けだしで、まだまだ頼りない自分自身の姿が呼び起こされる思いだった。「あの時、『こういう人生もあるものなのだ』と、経験の浅い若造が、重く噛み締めたような気がします」

不思議な縁が絡み合う世の中で、乙松老人の最期と交差しながら一歩を踏み出した新米道庁マンは、後に、公共事業の再評価システム「時のアセスメント」や、北海道のキャッチフレーズ「試される大地。」の選定など、次々と斬新な施策を打ち出して、全国から注目される存在になっていく。

見つめ直した、北海道の力

磯田が道庁に入った昭和四十年代の北海道は、「知床旅情」などのヒットで、カニ族と呼ばれたリュックサック姿の若者たちが巷にあふれた時代である。高度経済成長期の真っただ中で、道路建設や港湾開発が加速し、道都・札幌も冬季五輪の開催でその姿を大きく変えていた。

ところが、一九七三年（昭和四十八）秋に第四次中東戦争が勃発すると、それに端を発した「オイルショック」が世界を震撼させた。国内では狂乱物価や物資不足で店頭からトイレットペーパーが消え、とりわけ冬が厳しい北海道は灯油の高騰も暮らしを直撃し、「物価安定」が道政の最重要テーマになっていた。

磯田はそのころ、初任地の十勝支庁から札幌の本庁に異動し、消費経済課の物価係に籍を置いていた。文字どおり、「物価対策」が仕事の部署である。

もともと北海道は、輸送コストがかかるといった理由で、さまざまな生活物資が他県より割高な「北海道価格」に悩まされていた。そこに狂乱が拍車をかけていく。卸売物価が年に二〇〜三〇パーセントも上昇する異常事態のなか、磯田は、抗議の声を上げる消費者団体と話し合い、プロパンガスや灯油、食料品を扱う業界とも協議を重ねた。「便乗値上げ」の動きがあると聞けば、それを避けられないか企業を回って働きかけ、道民の生活支援、物価の安定に奔走した。

狂乱する物価上昇に対応するため、「道民生活安定条例」に取り組むことになり、わずか三か月で制定にこぎつけたこともある。まだまだ経験は乏しかったが、行政マンとして早くも本格的な条例制定を経験することになった。

当時、道が進めた施策の一つに灯油の「共同購入」があった。消費者がグループをつくって、少しでも安く買えるように業者などと交渉する仕組みだ。今でこそ一般的だが、当時は普及しておらず、道が町内会などに働きかけてこの方式を推進することになった。

だが、馴染みのない購入方法とあって、資料を手に説明してもなかなかうまく伝わらない。磯田は一計を案じ、「スライド上映説明会」の開催を提案した。その少し前、友人の結婚式で新郎新婦のプロフィールを、ナレーションやインタビューを入れながらスライドで紹介し、喜ばれたことがあったからだ。

実は磯田は高校時代、放送部に在籍し、校内放送でアナウンスをしたり、「デンスケ」と呼ばれる録音機を肩にドキュメンタリーを制作したりした経験の持ち主だ。富良野市内の児童養護施設を取材した作品が、放送局主催の「高校ラジオ作品コンクール」で全道二位になったという実績もある。ナレーションや録音はお手の物なのだ。

まだ家庭用ビデオなどはなく、結婚式の余興といえば親族や友人たちの歌ばかり続くことが多かった時代。磯田が披露した目新しい「音声付きスライド」は大好評だった。これを灯油の共同購入の説明に使おうというわけだ。

購入グループをどういう手順で結成し、業者とどう交渉するか。まず、ポイントを示したスライドを準備し、それに合わせる説明を磯田自身がテープに吹き込み、同時にBGM用のレコードも自ら回して録音する。台本書きからナレーションまで、すべて一人で何役もこなし、テープを完成させた。これを説明会でスライドと一緒に流し、「分かりやすい」と評判になった。

灯油価格の高騰に悩んでいたのは、北海道ばかりではない。噂を聞きつけた東北地方の各県庁からも引き合いがきて、テープとスライドを何セットも作り、丁寧な説明書をつけて送ったほどだ。アイデアマンぶりは、早くも頭角を現し始めていた。


三十歳になったころ、磯田は海外派遣を打診されたことがある。外務省で三年の経験を積み、カナダの総領事館に三年の計六年という話である。大きなチャンスではあるのだが、語学は得意ではない。加えて、六年もの間、北海道を離れるということにも抵抗を覚えた。

「ほぼ内定」と言われたものの、気が進まずに困惑していると、突然、話は流れた。人事を決める最終段階になって、外務省から「国立大学出身者にしてほしい」と道庁側に要請があったのだという。明治大学出身の磯田に代わって派遣されたのは、東大卒の職員だった。

「あの時、自分が派遣されていたら、今とは全く違った人生を歩んでいたでしょうね」

海外には行かずに済んだが、その代わりということなのか、自治省（現・総務省）派遣が発令された。

東京もまた、何とも気が重かった。

高校を卒業して津軽海峡を渡った大学時代、東京で同郷の友人と自炊生活を始めたころは、初めての都会暮らしで高揚感が身を包んだものだった。

だが、そこは富良野とは全く違う世界。もともと、人の輪の中に進んで入っていくタイプではない。都会育ちの若者たちの軽やかな会話についていけず、「女子学生たちが都会のイントネーションで『〜そうだわ』なんて言い合うのを聞くと、なんだか春風みたいに美しくて茫然としたものです。それに比べて自分は……」と、気後れするばかりだった。

高校時代の経験を生かせる放送研究会の門を叩いてみたが、後に民放のアナウンサーになるようなメンバーが何人もいて、「とても一緒にやっていける世界ではありませんでした」。世間を騒然とさせた学生運動の激しい議論や活動に加わるのも躊躇され、次第に疎外感、挫折感を感じるようになっていく。

バイト先で親切にされたり、自炊をやめて移った下宿屋のおばあちゃんに可愛がられたりと心温まる時間もあったが、大学の健康診断で「肺にちょっと影がある」と言われたことも、心を重くしていた。

入院こそしなかったが、肺結核かもしれないという不吉な棘が、何かにつけて気持ちを暗くする。やがて、世田谷の住宅街の家々を囲む塀さえ、人を拒絶するものの象徴に思えるようになっていった。

その東京である。道庁から自治省に派遣された時も、入居した大宮市（現・さいたま市大宮区）の宿舎の狭さと古さと汚れに驚き、連日の深夜勤務や想像を超えた通勤事情の厳しさにも閉口した。体の具合が思わしくなく一人札幌に戻した妻の様子も気がかりだった。

羽田空港で妻を見送ったときの言葉にならない心細さは、後に思い返しても胸が締め付けられるほどだった。

「毎晩十時に札幌の妻に電話をして、呼び出し音を三回鳴らすんです。それが『何とか生きているぞ』という合図でしたが、やはり妻のそばにいてやらなければいけない、もう東京には居られないと思いました」

連日の深夜勤務で心をすり減らし、「このままでは、もしかすると妻とは今生の別れになるかも……」との思いが頭をかすめたという。

妻の病状を心配してくれていた上司の尽力もあり、磯田は一年で札幌の本庁に戻ることになる。外務省派遣がなくなり、自治省の勤務にも早々と区切りをつけたことは、道庁マンとしては、あるいはコースアウトなのかもしれない。それは、これからの人生に、どんな禍福をもたらしていくことになるのか——。

そもそも、磯田が道職員を目指したのは父の影響を受けてのことだった。陸軍士官学校卒の軍人だった父は、戦後、一度勤めた民間企業を辞め、道立の職業補導所（現在の高等技術専門学校）の事務職に就いた。

補導所は、敗戦から間もない混乱期、失業者らにさまざまな技能を教えるために職業安定法に基づいて各地に設立された施設である。旭川から室蘭を経て富良野に赴任し、父は黙々と「公の仕事」に打ち込んでいた。

「陸士出身といっても、戦争が終われば意味はない。『元軍人』ということで、戦後創設された警察予備隊（自衛隊の前身）入隊の誘いも断ったのは、親父なりに考えがあったのでしょう。そうした中で、大変な苦労をして道職員になり、真面目に、誠実に仕事をしていました。その姿を見ていましたから」

自治省から本庁に戻った磯田は、「公の仕事」に真摯に向き合った父と同じように、以前にもまして仕事に熱を入れた。道民課では、道民から寄せられた苦情や新聞の投書に丁寧な返事を書き、一方で、道庁の仕事を一冊にまとめた先駆的な「道民手帳」をつくった。青少年婦人事務局に配属されたときは、企画係長として予算を取りまとめ、少しずつ仕事の幅を広げていく。

一九八三年夏、三十八歳になっていた磯田は思いがけない辞令を受け取った。知事室秘書課の秘書係長。知事の日程などを調整する担当だ。

知事にはその春、「社会党のプリンス」とも呼ばれた、前代議士の横路孝弘が当選していた。当時四十二歳。磯田とは四歳しか違わない横路は、大方の予想を覆し、前副知事の候補者を僅差で破って「不可能を可能にした」と言われた。

「庁内でも、多くの職員は保守道政が続くと思っていた。そこに横路さんが登場したわけです。保守時代の秘書課は一種の『ファミリー』のような感じで、その人間関係の中で秘書課の人事も動いていたと思います。ところが、保守道政が途切れて、それまで通りとはいかなくなった。だから秘書課ファミリーとは何の関係も、しがらみもなかったボクを係長に座らせたのでしょうか」

慣れない仕事だったが、磯田は知事の会議や面談の予定を組み、時に横路の「カバン持ち」も務めた。光州事件後の緊張が続く韓国に同行したこともある。金浦空港から向かったソウル市内のホテルの入り口には、機関銃を持った兵士が立っていた。その光景は、今なお鮮明に覚えている。

秘書係長は二年で替わるのが通例だが、その時期になっても異動の声はかからず、磯田はなぜか四年を過ごすことになった。そのうち、著書がなかった横路の本を作ろうという話が知事周辺で持ち上がり、草稿を練る役目が磯田に回ってきた。

庁内の一室にこもって何本もの講演テープを起こし、原稿用紙を埋めていく。「一村一品運動」など横路道政の看板政策のほかに、「依存意識からの転換」「雪国のスタイルづくり」など、それまであまり耳にしなかった新しい発想や言葉が、文字になって随所に踊った。草稿を、知事自身が移動中の車の中で読み、あるいは会議の合間に確認し、やがて『北こそフロンティア』(東洋経済新報社)が出版された。

磯田にとって、それは北海道の現状や、潜在的ポテンシャルを見つめ直す作業でもあった。

北こそ
フロンティア
北海道・新時代を切り拓く
横路孝弘 著
北海道はこう変わる!!
知事が描く21世紀への
シナリオとデザイン
横路孝弘 著

当時はまだ、北海道開発庁という国の組織が巨大な存在感を放ち、何かにつけて北海道は国にお願いをする依存の図式が厳然としていた時代。冬は長く雪に閉ざされ、津軽海峡で本州と隔てられて東京から遠いことも北海道の弱点とされていた。

だが、見方を変えれば、四方が海という環境は強力なアドバンテージ。雪も味方につけられる。この土地でしかできないことは、無限にある。

「何かこう、新しい時代が間近にまで来ている、そう感じたものです」

秘書係長から地域振興担当の課長補佐、そして函館市の渡島支庁（現・渡島総合振興局）地方部長へ。「地域の現場」に出た磯田は、さまざまな可能性を具現化すべく、次の階段を上り始めた。

言葉を響かせ、常識に挑む

「常識」は、魔物かもしれない。バランス良く物事をこなす指針にもなれば、冒険をせず、変革を妨げる足かせにもなる。

磯田が、自身の歩みの中で常識に捕らわれない行動として心に残るのが、渡島支庁地方部長時代、一九九〇年に始めた「点灯虫運動」だ。車のライトを昼間もつけて走る運動は、磯田が発案したものだ。

当時、北海道の交通事故死者は毎年五百～六百人に上っていた。交通戦争とまで言われる時代が長く続きながら、交通安全運動といえば、国道沿いに並んで旗を振り、ティッシュペーパーを配るのが慣例であり、常識だった。

「ものすごい数の犠牲者が出ているのに、今まで通りの運動を繰り返すだけでいいのか、何か新しい切り口はないか、そう思案したものです」

車のライトを点灯するだけで事故が減るのか、という懐疑的な声もあったが、そうした効果があるとして打ち出した取り組みではなかった。あえて昼間もライトをつける行為に、運転者が「自分は加害者にも被害者にもならない」との気持ちを込める「心の運動」だと訴えた。誰もが覚えやすい「点灯虫」というネーミングも住民に浸透し、運動は大きく広がった。

「ひっぱりダコ」も、地方部長時代の印象深いひとコマだ。戸井町（現・函館市）職員が支庁を訪ねてきて、地元名産のタコでシャブシャブを売り出したいと相談してきた。タコシャブといえば、すでに稚内が有名だった。その二番煎じにはなるが、タコを切る薄さに工夫を凝らし、タレはポン酢、そこに大分産カボスを使うなど、徹底して独自色を打ち出した。付けた商品名が「ひっぱりダコ」である。

箱詰めセットに入れたカボスの産地の大分県は、北海道でも広がった一村一品運動の本家でもある。磯田はそのお膝元の県庁に出向き、「南北交流商品」と銘打って、「ひっぱりダコ」をＰＲする記者会見を開催した。ユニークな名前の商品は九州でも話題になった。

「言葉」が人に響き、それが物事の推進力になり得ることを、磯田は次第に意識するようになる。

渡島支庁に移る前、衝撃を受けたドキュメンタリー映画があった。札幌市内でたまたま立ち寄った文化会館で上映されていた「柳川堀割物語」である。

福岡県柳川市で一九七〇年代、汚泥で荒廃した掘割の大半を埋める計画が進んだ。市議会は多数決で賛成を決め、多くの市民も悪臭を放って蚊が大量発生する水路の埋め立てを求めていた。

その中で、一人の市役所係長が反旗を翻した。

係長は、掘割の長い歴史をたどり、その本来の機能を科学的に分析して、掘割が柳川のかけがえのない財産だと訴えた。自ら首まで掘割の水につかって清掃も続けた。係長の反乱とまで言われた熱意に突き動かされるように、市長は事業の停止を決断し、住民にも賛同の輪が広がった。柳川は美しい景観の水郷として息を吹き返した。映画は、その経過を克明に追っていた。

「埋め立ては議会や住民が多数決で決めたものだし、民主主義では正しい選択だったはずです。しかし、それが実現していれば今の柳川はない。後々の時代から振り返れば、それは、心打つ街づくりを拒否する多数決だった」と磯田は言う。

民主的な手続きの結果が、未来の豊かさの芽を摘むこともある。多数決は「当面の多数」ということなのだ。

衝撃的だった。自分たちが担う行政も、多くの場合、議会の多数決で進路が決まる。だがそれは、危うさを孕んでいるものなのかもしれない。行政マンには、肝に銘じるべき重要な視点だと感じた磯田は、仲間に呼びかけ、庁内で上映会も開催した。

三時間を超える長編ドキュメンタリーだったが、集まってくれた道職員は二百人以上に。途中退席者が多いかもしれないと心配したが、ほとんどが最後まで見入ってくれた。「振り返れば、あのドキュメンタリーも自分にとって、一つのターニングポイントでした」

渡島支庁で見せた独創的な活動も、常識や慣例、行政の流れに捕らわれてはならないという思いが、根底にあった。

一九九一年、磯田は渡島支庁を離れ、本庁に戻って発足間もない生活文化課長に就く。「文化には何の縁もなかったんですが、それが時代のキーワードになる、と感じてはいました」。すでに「行政の文化化」といった言葉が広く使われるようになっていた。

早速取り掛かったものの一つに、道庁基本デザインの策定がある。道の封筒や職員の名刺、バッジなどに共通マークを入れることを提案し、庁舎内の案内表示も分かりやすく変更した。

だが、巨大組織の中で新参の課が新機軸を打ち出せば、それが小さな行動であれ、軋轢を引き起こすことは想像に難くない。「名刺やバッジは総務部、人事課の仕事だ」と横やりが入り、副知事にも呼び出される始末。引き下がりはしなかったが、組織というものが持ち合わせる保守性を改めて実感する出来事だった。磯田が策定した基本デザインに基づく共通マークは、道庁を示すシンボルとして今も健在だ。

「北海道地域文化選奨」創設の時も壁が待ち受けていた。

道の文化関係の顕彰制度といえば、それまでは教育長が授与する「北海道文化賞」が代表的なものだった。磯田は、教育長ではなく、北海道のトップである知事自らが敬意を表する制度を創設したいと考え、「地域文化選奨」を発案した。地域社会での芸術・文化活動に重点を置き、従来の文化賞とは趣旨を変えたつもりだったが、予想通り、「似たような賞は必要ない」といった声が上がった。

大きなネックになったのは副賞（賞金）だった。予算がつく見通しが立たないのだ。「先行する他の賞の副賞が数十万円なのに、後発のこの賞がそれを上回ることなど、役所の常識としてはあり得ない。もし五万円とかになってしまえば、それはあまりに悲しいじゃないですか」

かといって、賞状一枚というわけにもいかない。

ちょうどそのころ、美唄市出身でイタリア在住の彫刻家、安田侃が久々に帰国し、郷里に戻っているという話を耳にした。「石の彫刻」で知られる安田の名は、世界に広まりはじめていた。

磯田は閃いた。すぐに、安田が開設に関わった芸術空間「アルテピアッツァ美唄」を訪ね、安田と向き合った。後々、長い付き合いを重ねる安田とは、これが初対面である。磯田は「この北海道のさまざまな地域で、営々と文化活動を続けている人たちに敬意を表し、知事自ら顕彰したい」と選奨の意義を語り、安田の彫刻を副賞として無償で提供してほしいと力を込めた。「お金ではなく、もっと相応しい副賞を贈りたいのです」

じっと聞いていた安田が、やがて穏やかに口を開いた。「いい賞ですね。私の石の彫刻『妙夢《みょうむ》』を十年間、無償で差し上げましょう」

「妙夢」は安田の代表作。大型のものはＪＲ札幌駅のシンボル的存在としても知られる。副賞はその小型のもので、新しい顕彰制度は、「彫刻の副賞」という斬新なスタイルで動き出していった。

この時期、磯田は「言葉」との大きな出会いを体験する。

東京に出張して山手線に乗ったときのことだ。まだ国電と言われていた時代だが、車内でガス会社の中吊り広告に目が留まった。「今日は、真っすぐ帰る日」と題した著名なエッセイストの文章が、そこに書かれていた。

旅とは、家を出てどこかへ行き、さまざまなことを体験し、再び家に戻ること（中略）。

旅の楽しみとは〝家に帰ること〟

目が釘付けになった。旅の楽しみは、旅先で何か新しい体験や発見をすることではなく、〝家に帰ること〟なのだと、このエッセイストは書いているのである。文章は、こう続く。

若い時の彷徨いの成果を、そろそろ日常に活かす時がきた。旅が終わるところから暮らしが始まる。本当は、日々の暮らしほど面白いものはないのだ。

磯田はそれをメモに取りながら考えた。

津軽海峡を越えて東京で過ごしたことが自分にとっての旅だったとすれば、家とは故郷の北海道である。そこで暮らすことほど、面白いことはない——。はっ、とした。

「大切なもの、面白いものは、実は自分たちの身の回りのすぐそばにあるのではないか」

言葉に触発され、それが自らの中にあったものと化学反応を起こし、結晶ができて発想の種となってゆく。

その一つが芽を出し、磯田は間もなく、「足元の価値の再発見」をテーマにした小冊子「北海道暮らし」を発行する。役所の広報誌とは全く趣を異にする生活文化課刊行の冊子。巻頭に、思いを込めた一文を記した。

創刊号

「さがしものは、北海道にありそうです」

「石の彫刻」の副賞で実現した顕彰制度や「北海道暮らし」の発行など文化の世界で本領を発揮し始めた磯田は、今度は「北海道文化振興条例」の制定を目指した。ハードルが、これまで経験したことがないほど高いことは、十分に分かっていた。

磯田は、闘うために「秘策」を練っていた。

ファイト！　道文化振興条例

♪ファイト！　闘う君の唄を　闘わない奴等が笑うだろう
♪ファイト！　冷たい水の中を　ふるえながらのぼってゆけ

中島みゆきの「ファイト！」という曲にどれほど励まされたか分からないと、磯田は、生活文化課長として北海道文化振興条例の制定に奔走していた一九九〇年代前半の日々を振り返る。庁内組織の軋轢、道議会の野党議員の重圧……。深夜、疲れ果てて帰宅する磯田の耳に、テレビのＣＭに使われていたこの曲が滲みるように流れてきた。

♪暗い水の流れに打たれながら　魚たちのぼってゆく(中略)水の流れに身を任せ
流れ落ちてしまえば楽なのにね　やせこけて　そんなにやせこけて　魚たちのぼっ
てゆく……

世の中のさまざまな理不尽と闘うものを励ます曲を、小さく口ずさんだ。
ファイト！　——心に力がわいた。

文化振興条例制定は、知事の公約だった。その実務を庁内のどの部署が担当するか。前哨戦はそこから始まった。

当時、庁内の文化行政の担当は、文部省(現・文部科学省)とつながる道教育庁が本丸だった。横路道政の目玉政策で、〝記念碑〟になるであろう文化振興条例は、慣例に従えば、教育庁が手掛けるべきものかもしれない。

それを本流ではない生活文化課がやろうとした場合、壁となって立ちはだかるのは、どこか。

磯田はまず、教育庁の最高幹部に面会を求めた。多少の雑談のあと、磯田は慎重に言葉を選びながら、「これは教育庁がやりませんか」と切り出した。「役人の思考回路」を熟慮した末に打った布石だった。

相手の脳裏に、知事公約の実現に向けて予想されるさまざまな難関がよぎったのか、どうか。返答はこうだった。

「この条例は、総合的で、さまざまな分野に関わるものになるだろう。知事部局（つまり生活文化課を指す）が担当するのがいいのではないか」

本丸の最高幹部が口にした言葉を、磯田はすぐに文面にしてもらうことも忘れなかった。その一筆を「使うことがなければいいが」と思いながら、胸のポケットにしまい込んだ。

最初のヤマを越えた。


条例の内容に議論が進むと、闘いは本格化した。

磯田はこの条例を「宣言」に終わらせず、将来にわたってさまざまな文化施策の根本となる実効性ある条例にしようと、素案に、道の拠出による「北海道文化基金」の創設を盛り込んだ。

「基金」となれば、相当の予算が必要になる。財政事情が厳しいなか、当然のように待ったがかかった。「文化でメシが食えるのか。公共事業が優先だ」「条文の中に、『文化は大切だ』とでも書いておけばいいじゃないか」。財政課は「基金は財源対策であって、政策ではない」と詰め寄ってきた。

磯田も引かない。

「単年度ごとに予算をつけるのではなく、長い目で文化を育てる政策のために、基金が必要なのです」

基金の運用益で何をしようというのか、例示を出すようにも求められた。これには、あえて答えなかった。答えないことで顰蹙を買うことはわかっていたが、その段階で例示を出せば、将来、想定もしない事例に対応する必要が生じたときに、「例示に入っていないじゃないか」と揚げ足を取られるかもしれない。未来を縛ってしまう可能性があると考えたのだ。

折り合わない磯田を、さらに総務部長が、そして副知事も諦めるよう説得した。上司の一人は、こう諭した。

「そこまでやれば君、十分じゃないか」

条例の素案に「前文」を入れたことも反発を浴びる材料になった。それまでの道条例に、前文があるものは皆無と言ってよかった。なぜ北海道に文化振興条例を制定するのか、その志を込めたものだったが、「憲法でもないのに、前文なんて必要ないだろう」という声も渦巻いた。

道議会の文教族からも呼び出された。議会で多数を持つ野党の実力者が、譲らない磯田の前で次第に苛ついていく。

「そもそもこれは教育庁がやるべき話じゃないか」

磯田は、できれば使いたくなかったという、教育庁最高幹部の、あの一筆を取り出した。書いてもらってから、すでに二年。続けてきた闘いから、ここで降りるわけにはいかない。そこに書かれていた「条例の担当は知事部局に」という文言に、その議員は憤然としながらも矛を収めた。

「四面楚歌とは、まさにあのような状態を言うのでしょう。生活文化課の部屋から一歩外に出ると、すべてが敵に見えました。でも、ここで引けば、また『文化でメシが食えるのか』という議論が空しく繰り返されて、何も前に進まない。そう考えて諦めませんでした」

さまざまな壁を乗り越えて、最後のハードルである予算要求にこぎ着けた時、磯田は前代未聞の秘策で勝負に出た。要求する予算額の欄を空白にしたのである。

「金額を明示して要求すれば、『文化が大切なのは正論だ。しかし、金がない』で、結局はおしまいになる。そこで金額ではなく、『道予算の一パーセントを文化基金に積む』という『考え方の要求』にしたのです」

当時の道予算は総額二兆五千億円。一パーセントでも二百五十億円ということになる。驚いた副知事は磯田をこう説得した。「君が欲しい額を来年度予算でつけてやるから、『基金』は諦めろ」。人柄を尊敬していた副知事だったが、磯田はこう答えた。

「副知事が未来永劫、副知事でおられるのなら言う通りにするのですが……」

行政の単年度主義を乗り越え、永続的に文化施策を打ち出す基礎になるのが「基金」なのだ。「絶対に譲れない」と腹をくくった。攻められては耐え、正面から闘い、最終的には「当面の目標額百億円」で決着する。

道条例としては異例の「前文」も実現した。権利と責務をうたった、磯田や課員たちの、渾身の一文だった。

「私たちは、文化が生活に潤いと豊かさをもたらし、これからの地域社会の発展にかけがえのないものであることを深く認識し、一人一人がひとしく豊かな文化的環境の中で暮らす権利を有するとともに、自らが地域文化の創造と発展のため主体的に行動する責務を有していることを確認する」

後に、道庁へ視察に来た東京大学の文化政策の研究者から、「実定法として文化権の考え方を明記したのは日本で初めて。国が文化芸術基本法を制定したのは二〇一三年のことだから、北海道は国より七年半も早かった」と聞かされた。文化振興条例が突破口を切り拓いた〝前文付き条例〟は、以後、北海道条例の常識となっていく。

条例の成立をみたとき、それまで一言も口を出さなかった知事の横路が、生活文化課の全員を知事公館に招き、慰労の会を催してくれた。宴の終わりに、磯田はお礼の気持ちを込めて、課内で結成して間もない男声合唱団の歌を披露した。曲は「埴生の宿」。知事は歌声に驚きながらアンコールを求めた。

だが、残念ながら、要望には応えられなかった。持ち歌はまだその一曲だけ。磯田の心を励ました「ファイト！」は、出来たばかりの新米合唱団には難しくて歌えなかった。

時のアセス――行政の〝無謬神話〟に風穴を開ける

「失楽園」が日本新語・流行語大賞に選ばれたのは一九九七年（平成九）のことである。そのトップテンに、「たまごっち」や「もののけ（姫）」などと共に、道の公共事業の再評価システム「時のアセスメント」が並んだ。行政施策の名称が、映画にもなったラブロマンスなどと同じ土俵に乗るのは異例のことだ。

この造語を生み出したのも、磯田だった。選出理由で「センスに富んだネーミング、〝常識〟を行う勇気は全国から圧倒的支持を得た」と評された。「〝常識〟を行う勇気」と書かれたのは、この時代の行政が、いかに「非常識」に見られていたか、その裏返しの表現だろう。道庁も二年前、「カラ出張」「カラ会議」などで巨額の裏金をプールするという長年の不正経理が発覚し、信用失墜は極まっていた。

四面楚歌の中で北海道文化振興条例を成立させた磯田は、生活文化課長から企画室参事を経て、一九九六年に政策室長に就任していた。その前年に横路の後継として知事に就任した堀達也を支える、中枢の新設ポストである。

知事や副知事と緊密に意思疎通が図れるよう、さまざまな反発を抑え込んで、政策室は知事や副知事と同じ本庁舎三階に部屋を構えた。フロアの場所にこだわったのは、お役人意識を十二分に知る磯田の固く強い意思からだった。

巨大な行政組織の中で一歩ずつ階段を上りながら、しかし磯田は、「自分自身が身を置く役所の常識が、世の中から乖離しているのではないか」という思いも深めていた。長年の裏金は論外だが、公共事業もまた、その典型だと思った。

道内では、例えば道道の士幌高原道路である。士幌町から観光地の然別湖を結ぶこの道路は、道東の広域観光ルートの一部として位置づけられ、九割以上が完成していた。しかし、氷河期の生き残りとされるナキウサギの生息地を守ろうという自然保護団体の激しい反対などで、実に四半世紀も中断している。それでも事業は毎年一定の予算がついて、止まる気配はない。苫小牧東部（苫東）開発の関連事業、いくつものダム建設……。

道外でも長良川河口堰や有明海の諫早湾干拓事業などが注目を集めていた。長良川河口堰はもともと工業用水を得るために計画されながら、紆余曲折を経て洪水防止に目的が変わり、賛否両論がせめぎ合っていた。諫早湾の干拓事業では、ギロチンと呼ばれた鋼板が轟音をたてて湾を閉ざした。「あの光景は強烈で、息をのみました」。公共事業は、一度始まったら止まらないものだった。

何故なのか、と磯田は考えていた。日本の行政機関には、優秀で感性豊かな職員が大勢いたはずだし、無駄に見える公共事業を止めようとした人もいただろう。それなのに、どうして公共事業は延々と続き、ストップしないのだろう。

政策室のスタッフを集めて、磯田は声をかけた。

「役所には、自分たちに誤りはないという『無謬性神話』がある。しかし、それが世間とズレてしまっているのなら、謙虚に見直す仕組みを、外部ではなく、この組織の中に持つ必要がある。そうしなければ、住民の信頼は取り戻せない。役所が信頼される仕組み、シンボルを、この道庁につくれないか」

こんな説明もした。――ある港で、大量に捕れた魚を運ぶ道路が汚れ、悪臭もひどいからと、もう一本の別の道路の建設が決まった。ところが、工事を始めた頃にはもう魚が捕れなくなっていた。第二道路の必要性は薄れたが、一度決まった道路建設という公共事業は、そのまま続いていく——。

　議論するうち、「人も組織も、過去に自分たちが決めたことを否定されることを最も嫌う」「誰しも、自分が一度決めたことが間違っていたとは認めたくない」「職員たちも、事業を決めた先輩の顔をつぶし、泥を塗るようなことはしたくないのだ」と、思い至った。そうであるなら、「過去を否定しない仕組み」をつくればいい。

　不意に思いついたのが「時の流れ」だった。時が流れれば、事業の効果も、世間の価値観も変わってゆく。それは誰の責任でもない。

　途端に目の前が開けた。

「時間というものが持っている、人間の思いを超えた尺度を借りよう」

　仕組みは徐々に具体化する。対象とするのは、計画決定から十年程度停滞しているものや、その効果が大きく低下したもの、反対運動などで円滑に進まない事業だ。当初、その実施要綱の標題を「時代の変化を踏まえた施策の見直し」としたが、「見直し」という言葉は感情的にも反発を招くと直感し、ニュートラルな語感の「再評価」という三文字に置き換えた。

たまたま、ススキノの居酒屋で会食をした知人に構想を打ち明けると、こんな返事がかえってきた。「なるほど、時間軸でアセスメントするわけですね。とても目新しい考え方だ」。こうして「時のアセスメント」の名称が生まれていった。

道が実施する事業に、道が自らメスを入れるという制度。その趣旨として、磯田は要綱の冒頭にこんな文章を掲げた。

「変革の時代の中で、時の経過によって、施策が必要とされた社会状況や住民要望などが大きく変化し、施策に対する当初の役割や効果について、改めて点検・評価を加える必要があるものについては、現状を踏まえ、多角的、多面的な視点から検討を行い、時代の変化に対応した道政の実現に資することを目的とする」


事がすんなり運んだ訳ではない。それぞれの事業の現場、地元には、強力な推進派がいる。景気対策として公共事業を望む声は、もちろん大きいのだ。「とんでもない」「非常識だ」と反発が幾重にも渦巻く中で対象事業の発表が遅れ、地元新聞には「本気で取り組む気があるのか、お粗末」とまで酷評された。

士幌高原道路を対象にするため理解を得ようと地元の士幌町で開かれ説明会では、磯田の前にお茶の一杯も出されなかった。詰め掛けた数十人の刺すような視線を浴びて約二時間半。物別れに終わる気配の中で、磯田は立ち上がり、枯れた声を振り絞った。

「皆さんには、私が憎き敵に見えると思う。事業を再評価しようということにも怒りを感じるでしょう。しかし、二十一世紀の新しい地方政府をつくるためにも、市民の常識と道庁の常識の溝を埋めたいのです」

会場の片隅から拍手が起こり、それが次第に広がった。意は届いた。

予定時間を大幅に越えた説明会を終え、特急列車に飛び乗って札幌に戻った磯田は、待ち構えるマスコミ陣をかいくぐって知事室に入った。経過を報告すると、堀は一言、「分かった」と言った。翌日、「時のアセス」の最初の対象事業が発表された。真剣な議論を経て翌年度には、士幌高原道路のほか、函館の松倉ダム、当別町や月形町に広がる道民の森など、いくつもの公共事業が止まった。

「再評価」のシステムとしての「時のアセスメント」は、その年のうちに当時の首相・橋本龍太郎の指示で国も導入を決め、北海道の政策に追随することになった。

地元の事業が中止になったある議員からは、「道庁にコピーライターはいらないんだぞ」と皮肉たっぷりに攻められたと、磯田は当時を振り返って苦笑する。

「政策の正当性は理解しつつも、地元に気を遣わなければならない政治家としては相当、腹立たしいことだったと思います」

だが翌年、今度は「言葉の力」に思いを託した道のキャッチフレーズの選定で、磯田はまたも物議を醸してゆく。

「試される大地。」──生き方を問う

小学生の頃、徒競走が大の苦手だった磯田が、運動会で一等賞になったことが一度だけあった。

号砲でスタートした後、笛の合図があると逆向きに走るというルールで、笛が鳴るたびに、みんなが方向転換して競い合った。

通常は二度、三度と笛が鳴るのだが、磯田が走った時は、なぜか笛は一回だけ。一番後ろを走っていた磯田は、方向を変えた瞬間にトップになり、そのまま先頭でゴールを切った。

「ビリだった子どもが、突然一位になるんですからねえ。それが妙に生々しく記憶に

残っています」

この体験は、その後の磯田にさまざまな示唆を与えていく。

「試される大地。」。北海道のこのキャッチフレーズを一九九八年（平成十）に決めた時もそうだった。

発想は、こうだ。

北海道は長く食糧や原材料を全国に供給する役割を担い、国から手厚い開発予算が配分された。他県にはないかさ上げも続いた。だが、弱点とされる製造業は一向に伸びず、住民の所得といった経済指標も全国下位のまま。国の笛に従って競争していても上位にはなれないのだ。

それなら、走る方向を決める笛は、北海道が自ら吹けばいい。経済力を重視して競ってきた二十世紀の価値観ではなく、二十一世紀の新時代に北海道が目指す方向や生き方、理念はどうあるべきか、全国に広く問いかけてはどうだろう。

そこで始めたのが「北海道イメージアップキャンペーン推進事業」だった。道の政策室長で、この事業の責任者である磯田は、トータルプロデューサーを、「北の国から」で知られる富良野市在住の脚本家、倉本聰に依頼した。
新しい北海道を表現するキャッチフレーズ、そしてロゴを募る呼び掛け文を、倉本が書いた。

あなたは、北海道がお好きですか
（中略）
親しい人にあなたが語るとき、
北海道を何と伝えますか。
その匂い、その音、その肌ざわり、
それらを何と表現しますか。
北海道へのあなたのイメージを、
字体と、キャッチフレーズにして
送ってください。
二十一世紀の北海道を創るために

応募期間は二十八日間と短かかったが、連日、二千通以上のキャッチフレーズとロゴが積み上がってゆく。最終的に集まったのは、実に六万一千五十四。せめて一万通ぐらいは、と願っていた数の六倍を超えるものだった。

多くの応募作に激励や北海道への感謝のメッセージが添えられていたことに、磯田は胸を熱くした。

「これほどまでに北海道を思い、期待してくれているのかと、本当に感激しました」

こちらの感謝の気持ちも応募者に伝えたい。職員に呼びかけると多くの手が挙がり、延べ四千人が直筆で、自分の言葉で応募者全員に礼状を書いた。後日、応募者から「これまでたくさんの公募に応募してきたが、公募してお礼状をもらったのは初めて」と便りがきた。礼状の礼状だった。

キャッチフレーズは、約五万五千点の中から道職員らによる一次選考で百二十点に絞り、九月の審査委員会に諮った。倉本や作家の立松和平、雑誌「広告批評」編集長の島森路子ら道内外の十三人が、赤れんが庁舎の会議室でテーブルについた。

一人が質問した。「かつて評判になった『でっかいどぉ北海道』のようなものを選べば良いのですね?」。審査員でもあった磯田が答えた。

試される大地。
一歩前に出る勇気があれば きっと何かがはじまる
北海道
北海道イメージアップキャンペーン

「これは観光キャンペーンではない。応募作の中に北海道の『新しい生き方』を示す言葉が存在するのなら、何としてもそれを選び取りたいのです」

徐々に作品は絞られていった。「夢、放牧区」「たわわ大陸北海道」「生涯、少年少女」など、やはり明るい語感のものが目立った。当初、異質な響きを持つ「試される大地。」はあまり注目されなかったが、次第に多くの審査員が気になる作品として意識するようになっていた。

この時期の北海道は、明治期からその屋台骨を支えてきた北海道拓殖銀行が経営危機に陥るなど、かつてない困難の中に立たされていた。「試されるのは、もうご免だ」「ささくれ立った語感は、いかがなものか」という意見もあったが、それでも「試される大地。」は、最後の二つにまで残っていく。

議論は六時間半に及んだ。煮詰まった空気の中で、倉本が審査会場での事務作業にあたっていた道職員に声をかけ、「参考までですが」と言って、どちらを支持するか、挙手を求めた。

七、八割が「試される大地。」に賛同した。それを機に議論は一気に加速し、決着がついた。

確かに異色である。解釈の仕方も人によって違うだろう。「これがキャッチフレーズと言えるのか」「自虐的で、心が落ち着かなくなる」といった批判も消えなかった。だが、磯田は、北海道の新しい生き方を示すために選び取った、このフレーズが持つ「言葉の力」を信じようと思った。

意味合いを、より明確にするために、一文を添えることにした。

「一歩前に出る勇気があればきっと何かがはじまる」

物議を醸しながらも、この印象深いキャッチフレーズは広く浸透し、多くの企業が続々とポスターや商品の包装紙に使い始めた。その年の十一月には遂に拓銀が経営破綻し、道内経済は大混乱に陥った。

連鎖倒産が相次ぐ未曽有の苦境の中、年の暮れには、大手の寡占状態を打ち破る道民の翼として、道内の若手経営者らが出資した北海道国際航空(現・エア・ドゥ)が就航した。機体に鮮やかに描かれた「試される大地。」の文字と新しい北海道のロゴ。閉塞感を打ち破る願いを乗せて、機体は冬の大空へ飛び立った。

この作品を応募したのは、横浜市の二十九歳の青年だった。後日開かれた表彰式で青

年があいさつをすると、会場は静まり返った。

「北海道の大地に立って厳しい自然と向き合うと、自分が今まで何を考え、何を経験し、親から何を学び、友と何を話し、人をどれだけ愛したか、その本質を試され、大地からの無言の言葉を体に刻み込む。北海道は自分を自分で磨くことができる可能性を持った土地であり、大地がそれを試してくれると考えました」

都会で暮らす若者が、北海道を語る奥深い言葉に、磯田は胸が震える思いだった。

予想もしなかったことだが、その年の秋、全日本広告連盟の最高賞「広告大賞」にも選ばれた。四国・松山で開かれた連盟の大会での授賞式に招かれた磯田は、「これも北海道をPRする絶好の機会」と、千二百人の参加者を前に高らかに語った。

「ささくれ立つとも言われたこのような言葉を、これまでなら国や自治体が選ぶことはなかったと思う。あえて厳しい言葉をキャッチフレーズに選び取った北海道には、だから、希望があると信じています」と結んだ。

大会に出席していた全広連北海道支部長でもあった道内の民放の幹部から、「あのスピーチで、『試される大地。』の意味が分かった」と言われたことが、磯田には印象深い。

二十一世紀を前にして発信した言葉が、今なお時代を照射して色褪せないことに、深い感慨も覚える。

後日譚が、もう一つある。

磯田は、全国から集まった膨大な応募作に添えられていたメッセージを見ながら、その〝言葉たち〟から立ちのぼるエネルギーを、そのまま眠らせたくないと思っていた。何とか、形にして残したい。間もなく、添え書の中から選んだ四百七十二点を収録した『夢の宛て先～北海道がもらった贈物』（中西出版）が発刊された。

北海道らしい大自然や景観の写真で巻頭を飾り、ページのすべてに思いが詰まった宝箱のような一冊になった。

官製談合絶つ対策、次々と

「ミレニアム（千年紀）」という言葉が広まった一九九九年（平成十一）、二十一世紀を目前にして、磯田は道の政策室長から上川支庁長として旭川市に赴任した。

大雪山系の山々を望むこの街は、旧満州・牡丹江で生まれた磯田が生後数か月で母の胸に抱かれて移り住み、中学一年で室蘭に移るまでを過ごした故郷だ。幼少期、親戚筋だった駅前の食堂でソフトクリームに目を輝かせた記憶も蘇り、何とも面はゆい。

道職員としては十八年ぶり二度目の旭川勤務だったが、今度は支庁のトップとして管内を回り、旭川家具の技や農業の底力に触れ、改めて地域のエネルギーに驚嘆する日々を送った。

とりわけ大雪の山々には感性を刺激された。かつて、その山々を踏破した著名な詩人が、紀行文に「富士山に登って山の高さを知り、大雪山に登って山の広さを知る」という文章を残している。日本一の富士山と肩を並べる誇るべき大自然に、自分たちは囲まれているのである。

さまざまなアイデアがわいた。その一つが「大雪のいぶき・カムイミンタラ創造発信事業」の構想だ。「カムイミンタラ」は「神々の遊ぶ庭」という意味のアイヌ語で、大雪山系を指す。道の地域振興施策の名称にアイヌ語を使うのは初めてで、選定された多様なモデル事業が地域の魅力をアピールした。

旭川を「道内第二の都市」と呼ぶのはやめようと、市長に提案したこともある。「もう、人口の多寡を物差しにして街を語る時代ではない。旭川はかつて、全国に先駆けて歩行者天国の『買物公園』を実現したという素晴らしい先例を持つ。『第二の都市』ではなく、街のイメージを高める文化首都と呼ばれるようになるべきだと思ったんです」

秋が深まる頃、市の郊外に上川支庁の新庁舎が三十九年振りに完成した。一階ロビーの名称は「大雪カムイミンタラホール」。コンサートを開くこともできる文化的な機能も備えたモダンな建物である。

移転作業を無事に終え、青森県に出張して弘前城の近くで昼食をとっていた磯田に、緊急連絡が入った。公正取引委員会の立ち入り検査が支庁に入ったのだ。庁舎に現れた係官は、まっすぐ入札担当者の席に向かい、書類などを調べ始めたという。職員の一人が「公取の人が新庁舎の見学にでも来たのだろうか」と呑気な勘違いをするほど、それは寝耳に水の出来事だった。

道庁の根幹を揺るがす「官製談合事件」。上川管内の道発注の農業土木工事などで談合が繰り返され、道の担当者が落札する本命業者を事前に決める割り付けをしていた疑いが持たれていた。立ち入り検査は本庁農政部にも入った。

飛ぶようにして、冷雨の降る深夜の旭川に帰った磯田は、事態の報告を受け、翌朝、動揺する職員を展望会議室に集めた。大雪を望む真新しい部屋を初めて使うのが、そんな重苦しい会議になろうとは夢にも思わなかった。

「大変な事態になったが、ここはとにかく、みんなが誠実に対応するしかない」

磯田はそう訓示したあと、報道対応などは副支庁長に任せ、自身は部屋にこもって対応策を懸命に考えた。

上川支庁の入札には、自身も入札選考委員会の委員長として関わってきた。当然、参加業者の一覧も見た。談合があったのなら、その中に、目には見えない「◎」が付いていたことになる。

誰が、いつ、どう動いたのか。その仕組みに対抗するには、どんな方法があるのか。一週間ほど考えた末、磯田は記者会見を開き、緊急対策となる「入札予定価格の事前公表」を発表した。

通常、予定価格は伏せられている。そのことが談合を生む一因になっているとすれば、予定価格を入札前にオープンにしてみたらどうなるか。多くの事柄が表舞台に出て、これまでのような裏工作はやりにくいのではないか。落札率（予定価格に対する落札額の割合）が下がり、業者側のうま味もある程度は薄まる効果も期待できる。すぐに「◎」は消えないとしても、目に見えない仕組みに一撃は加えられるはずだ。

本庁の幹部から、「そこまでやるのか」という電話も入ったが、機能不全に陥った支庁ではすでに多くの入札がストップし、必要な事業も行えずに混乱が極まっている。予期しない危機が発生したとき、本庁からの指示を待っているわけにはいかない。本庁も呆然としているのか、情報が途絶えてしまっている。

ならば、これまで積み上げてきた市民感覚を信じて、当事者として独自の判断、決断を重ねていくしかないと腹をくくった。「信頼を取り戻すために、一歩でも、半歩でも前に進まなければ」と、磯田は独自策の公表に踏み切った。

とはいえ、見えないところで蠢く仕組みは、それで消えてなくなるとは思えない。「談合は必要悪。たとえ一時、鳴りを潜めても、後でまた必ず顔を出す」という囁きも耳に入ってくる。もっと有効な〝次の一手〟を打てないか、磯田は模索を続けた。

翌二〇〇〇年春、有珠山の噴火で周辺住民一万人余りが避難し、交通網も寸断されて道内が騒然とするなか、磯田はわずか十か月で上川支庁を離れ、本庁の総合企画部長に就く。

直後、またもこの巨大組織に衝撃が走った。「道の現職建設部長逮捕」。新聞に太字の見出しが躍った。入札に絡む贈収賄容疑だった。幹部職員の逮捕という事態に、庁内は凍りついた。入札を巡る闇は、また一段と深まっていく。

磯田は、異動とともに本庁の「入札手続等調査委員会」に名を連ねていた。新たな対応策を打ち出さなければ、入札制度の機能も、組織の信頼も取り戻せない。重苦しく沈む委員会の会議の席で、磯田は〝次の一手〟を諮った。

——指名競争入札を行う際、参加してもらう業者がそろった段階で、無作為に何社かを抽出して入札から外す——。例えば、AからGまでの七社が参加する入札なら、乱数表などを使って無作為に選んだB社とF社を外し、残った五社の中から落札業者を決める、ということだ。

これなら事前に「◎」が決まっていても、除外される可能性がある。全国初の不正防止策「ランダムカット」方式。見えない仕組みを攪乱する奇策だ。磯田は「カット」という言葉に、強い意志を込めた。水面下でいわゆる割付けを行っている者たちへの、強烈なメッセージである。

導入して間もなく、道北地方で建設業界のドンと呼ばれていた男が、磯田に面会を求めて道庁に乗り込んできた。「くじ引きのようなことで物事を決めるのは許せない。このランダムカットだけはやめてくれ」

業界のストレートな反応に驚きながら、磯田はそれが有効打になっているという手応えを感じた。「道の幹部が逮捕されるというのは尋常な事態ではない。そういう逆境にある時だからこそ、慣習や常識を打ち破る何かを成すことができる。そんな思いもありました」と、磯田は言う。

予期せぬ困難に波状的に見舞われながら、磯田は間もなく副知事の椅子に座ることになる。

そして、二〇〇一年九月十一日が巡ってきた。

狂牛病対応、情報開示貫く

二〇〇一年九月十一日。米国での同時多発テロが世界を震撼させた日、道庁は狂牛病（BSE）の激震に見舞われていた。

その前日、国内で初めて感染が疑われる牛が千葉県で確認され、焼却処分が行われたと発表された。新聞には「日本が狂牛病汚染国に」の見出しが躍った。その牛が翌十一日になって、オホーツクの佐呂間町生まれだったことが判明する。

狂牛病はすでに欧州で大問題となり、消費者の大パニックも起きている。前脚からガクっと崩れ込む「へたり牛」のニュース映像もショッキングだった。それが北海道で発生した。この酪農王国には計り知れない打撃になる。

磯田は、出張で富良野に向かっていた公用車の中で連絡を受けると、車を途中でUターンさせ、急いで道庁に戻り緊急会議を招集した。

一次産業の部署は一度も経験したことがなかったが、副知事の事務分担でたまたま一次産業担当になっていた磯田は、急きょ立ち上げた狂牛病対策本部の本部長に就いた。「経験したことのない事態に直面したときは、学びながら対策を打っていくしかない」と呼びかけ、「未知の狂牛病に立ち向かうためには、消費者の信頼は絶対に欠かせない。そのためにさまざまな情報を消費者と共有する」と、早々に「情報の全面開示」の方針を明確にした。会議はメディアにも公開した。

狂牛病は食の安全を根底から揺るがした。消費者は牛肉を敬遠し、スーパーの店頭からも、学校給食のメニューからも消えていく。発症メカニズムは分からず、生産する酪農家らも「何をどうすればいいのか」と混乱するばかり。「北海道に何かの原因があるのではないか」と囁く声も広がっていた。

知事の代理で磯田が全国会議に出席し、佐呂間の問題の経過を説明したときのこと。「正面に座っていた農政のドンと言われた大物国会議員が、『北海道はなぜ謝らないいんだ』と声を張り上げたんです。もちろん謝罪はしませんでした。そういう筋合いのものではないと思いましたから。でもあの時は、北海道を非難する雰囲気がとても強かった」

消費者、生産者の不安が増幅する中、国は感染の疑いのある牛の肉の流通を防ぐために、出荷前検査の実施方針を打ち出した。対象とする牛は、欧州並みの「月齢三十か月以上」である。その線引きの理由は、過去に三十か月までの牛には感染例がない、というものだった。

だが、磯田は納得がいかなかった。生後三十か月になった牛は検査するが、たった一日違いの二十九か月プラス二十九日の牛は、なぜ検査しなくていいということになるのか。店先には、検査した肉とそうではない肉が一緒に並ぶことになるのだ。

発症例がないという過去が、将来まで保証してくれるというのだろうか。対策本部長である自分自身が、その一日の違いを道民に説明できない。消費者に安心してもらえる方策は、三十か月で線引きをせず、すべての牛を検査することしかないのではないか。

庁内でさまざまな意見が飛び交う中、磯田は部下の一人に語りかけたことを、よく覚えている。

「ここで国の方針に〝右へ倣え〟で従えば、こちらも楽だし、後日、もし三十か月未満の牛の感染が判明するようなことがあっても、『我々は国の方針に従ったまでだ』と周りには抗弁できる。役人としてはそれでいいかもしれない。でも、青臭いようだが、世の中に満ちている不安、不信を除くために、たとえ無駄だと言われても、道庁がすべての牛を検査する、少なくとも懸命にやるその姿勢を貫くことが大事ではないか」

国の方針が正しいとは限らないということは、それまでの経験で痛いほどわかっている。あとは、独自の道を選ぶ覚悟があるか、である。

最終的に道は、三十か月未満も含め、すべての牛の「全頭検査」に踏み切った。これなら流通しているすべての牛肉はシロということになり、消費者の不安解消につなげられる。後に、国もこの方式に方針を転換し、全頭検査は全国のスタンダードになっていく。

公表の仕方を巡っても、国の方針と対立した。

一次検査で「疑陽性」が出た場合、国は「公表すべきではない」という方針を示したが、磯田は一次検査の灰色段階から全面的に情報を公表しようと考えた。一部でも公表しなければ何かを隠していると受け取られ、不信を増幅させる結果になりかねない。情報は、消費者と共有すべきだと判断したからだ。

これに対し、農業団体や一部の国会議員を含めた政治家が激しく反発した。「疑陽性が出たというだけでも生産者は大変なのに、それを公表すれば道産牛肉が敬遠され、大変な風評被害が起きる」。副知事室で話し合った時は「道庁は、生産者と消費者の、どちらを向いているのか」という声まで浴びせられた。

だが、そもそも生産者と消費者の利害は対立するものではないはずだ。磯田は「消費者を守ることが、生産者を守ることにもなる」と反論した。

道庁内が一枚岩だったわけではない。国と足並みを揃えるべきだとする意見も根強かった。だが、最後は知事の堀も全面公表を決断することになる。

国内四頭目の感染牛が音別町（現・釧路市）で見つかった時、出荷前の検査を担当した保健所の二十九歳の女性獣医師が自死した。

ショックだった。何がこの獣医師をそこまで追い込んだのか。生前、「（風評被害が深刻な）BSEを出してはいけない雰囲気がある」と周囲に話していたという。BSEがもたらす想像を超えた重圧と闇……。

獣医師が勤務していた釧路の職場に出向いて花を手向けた磯田は、さらに鹿児島県に飛び、その実家を訪ねた。母親から聞かされた、「もう少しいい加減に仕事をしてくれたらよかったのに……」という言葉に胸を突かれた。「我が家の子どもたちは、娘も息子も、みんな北海道に憧れて行ってしまいました」。磯田は母親の前に手をついて、「その憧れに足る北海道であり続けたい」と声を絞った。

九州から戻ると、磯田は感染牛を出した酪農家を対象にした「原因究明協力金制度」を創設した。ＢＳＥ問題は、診断した獣医師が追い込まれたり、生産者が「感染牛を出してしまった」と苦しんだりする類いの話ではない。ましてや、担当した獣医師が責任を負わされる筋合いのものでは、もとよりない。逆にＢＳＥの原因究明のために貴重な症例を出したと考えるべきだと、生産者に感謝状と百万円を贈る制度である。

「思考の転換」を業界紙が社説で取り上げ、道の姿勢を評価した。

「獣医師が自ら命を絶つということが起こるほど、当時は異常な空気だった。とにかく正常に戻したいという一念でした」

ＢＳＥは思わぬ広がりを見せた。雪印食品の牛肉偽装事件である。国がＢＳＥ対策として始めた国産牛肉の買い取り制度を悪用し、輸入肉を国産と偽装して補助金をだまし取ったことが発覚、北海道を代表する会社は解散へと追い込まれる。

早来町（現・安平町）にあった同社の工場が閉鎖される直前、磯田は新千歳空港から東京出張に向かう前に、工場に立ち寄った。

特別な目的があったわけではなかったが、工場長に案内され、終焉を目前にしながらも懸命に働くハム職人たちの矜持に触れた。その職人のすぐれた技も、北海道伝統の「雪印」ブランドも、そのまま消してはいけないと、痛切に思った。

間もなく、ある宴席で会った道内銀行のトップに話しかけた。当時はどこの金融機関も生き残りのために「不良債権処理」を懸命に進めていた。

「このままでは雪印が消え、職人の技も伝承されず途絶えてしまう。ここで動くのも、金融機関の大きな役割なのではないですか」

数日後、その銀行の幹部職員が磯田を訪ねてきて、改めてその思いを聞いていった。やがて銀行の仲介で、北海道に縁が深い関西拠点の産業ガス会社が乗り出した。工場は「春雪さぶーる」へと生まれ変わり、新たなスタートを切ってゆく。雪印の〝雪〟の文字も残った。

「工場の職人さんも、手を差し伸べた企業や銀行の人たちも、みんな笑顔になった。いい仕事に巡り合えたと思ったものです」

新体制発足の記者会見は道庁で行った。関西の企業、銀行の幹部、そして磯田の三人が、充足感に満ちた笑顔で話す姿が翌朝の新聞に載った。切り抜いた記事は、今も大切に仕舞ってある。

「北海道主義」掲げ知事選へ

ＢＳＥの全頭検査が始まって四日後の二〇〇一年（平成十三）十月二十二日、世間を覆う刺々しい空気を、少しだけ和らげる発表があった。今では道民の間にすっかり定着している「北海道遺産」が決まったのである。「小樽港と防波堤」「路面電車」「北海道のラーメン」……。次代に引き継ぐべき有形・無形の二十五件が並んだ。

この構想は、政策室長時代の一九九七年に磯田らが提唱したものだ。当時、磯田は全庁横断で若手を中心に希望者を募り、あらゆる角度からテーマを決めて道の政策を検討する「赤れんが政策検討プロジェクト」を進めていた。

全道各地から集まった職員が、例えば「橋」をテーマに、その機能や景観、地域での役割などを踏まえ、自由に議論をして政策として立案するという試みだ。このプロジェクトの特徴は、希望をすれば出先機関も含め、道内どこからでも出張扱いで参加できるという、従来にはないユニークなものだった。

プロジェクトの一つとして「北の世界遺産構想」チームを設けた。「知床」や「札幌市時計台」などは誰もが認める北海道の財産だが、それとは違う切り口で、独自の遺産を選ぶことはできないか。職員は知恵と意欲を重ね合い、やがて民間を交えて構想を推進する北海道遺産協議会が形を現わしていく。磯田自身は「すでに評価の定まっているものは入れず、価値がいまだに知られていないものに光を当てたい」と思い描いていた。

「遺産」の募集は一九九九年に始まった。単に訪れて感激するのではなく、地域で活用し、活性化にもつなげていくのが、この構想の狙い。掘り起こしキャンペーンも展開し、応募は一万六千件に及んだ。

そこから選ばれた最初の無名の宝の中に、「根釧台地の格子状防風林」がある。幅百八十メートルの防風林が約三キロメートル間隔で交差し、林地帯の総延長は六百四十八キロメートルに及ぶ。巨大すぎて、地上を歩いていては形状が分からない格子模様は、余市出身の宇宙飛行士・毛利衛が二〇〇〇年にスペースシャトルから撮影し、次第に話題にのぼるようになっていた。

宇宙から見なければ分からないほどの人工物は、広大な根釧原野で農地や暮らしを守るために、先人たちが作り上げた国内最大規模の林地帯だ。南米・ナスカの有名な地上絵を思わせるスケール感。これまでその価値に気づかず、あまり目が向けられなかったものが、自分たちの周りにある。「世界遺産にも匹敵する」と、多くが賞賛した。

防風林だけではない。「京極のふきだし湧水」など、「遺産」には、暮らしに密着したものが多い。「あれは、身近な宝に目を向ける契機になった」と、磯田はうれしそうに思い返す。

その三年後、第二回目の遺産として選定された二十六件の中に、「北海道の馬文化」がある。

馬に対する磯田の思い入れは深い。

磯田は乗馬が趣味で、家族で乗馬クラブに通ったほどだ。自宅から職場に「馬通勤」をしたいと友人に夢を語り、呆れられたこともある。馬は北海道の開拓期以来、あらゆる面で生活に密着し、人々を支えていた「敬意を表すべき存在」だ。それなのに、当時の北海道の馬問題といえば道営競馬の赤字のことばかり。庁内では厄介ごとと捉える職員が大半だった。

そこは、馬を思う磯田である。いつの間にか、「観光名所の赤れんが庁舎には、馬の姿が実に似合う。美しい前庭を馬が優雅に歩けば、この風景も、観光の姿も変わるのではないか」と考えるようになっていた。

イギリス王室の騎馬隊はニュース映像でもお馴染みだ。同じように、道庁でも守衛の職員が馬で巡回すれば話題になり、守衛の人たちの誇りにもなる。この夢想が、副知事時代の二〇〇二年に実現した「赤れんが騎馬隊」の創設につながっていく。

ハードルはいくつも見えていた。そもそも、道庁で馬を飼うなどということができるのか。調べてみると、日本では皇宮警察のほかに京都府警にも騎馬隊がある。磯田は、皇宮警察から馬を譲り受けることができないか、警察関係者に打診した。実現は難しいと言われたが、それでも諦めず、最終的には近郊の乗馬クラブに委託する形で「騎馬隊」が登場する。騎手の制服は開拓使時代の衣装をモデルにしたという。青い制服の騎手が手綱を取った馬が赤れんが庁舎の前庭を歩く姿は、人気の観光名所に鮮やかな彩りを添えた。

二〇〇二年の秋になると、知事の堀の三選出馬を巡る駆け引きが激しさを増した。

前知事・横路の後継として一九九五年に初当選した堀は四年後、与党の民主党に加え自民党も相乗りした選挙で再選を果たした。だが、三度目の知事選が近づくと民主党が独自候補の擁立を模索し、さらに自民党も堀の推薦の見送りを決めるなど、距離を置いた。曲折を経て翌年一月、堀は出馬を断念することになる。

磯田は堀道政の中枢にいて、さまざまな政策を実現してきた。公共事業に歯止めをかける「時のアセスメント」や異色のキャッチフレーズ「試される大地。」、ＢＳＥを巡る全頭検査……。それらは、中央の価値観とは違う〝北海道の生き方〟を目指してきた結果だ。次の知事選で、そんな「北海道主義」を掲げる候補者がいないとすれば、有権者の選択肢は狭まってしまう——。

周囲で磯田待望論が急速に高まっていく。想定もしなかった動きに、磯田の心は揺れ、時にこわばり、考え抜いた。やがて、答えが見えた。

「これまでの路線を選択肢として道民に示すことが、さまざまな政策を進めてきた自分の責任ではないか」

二月二十日、磯田は札幌市内で記者会見を開き、立候補を表明した。政党の支援は一切受けず、組織もない。広大な北海道の知事選に出るには時間も少なすぎたが、友人、知人のネットワークで戦った。遠く道北からトラクターで決起集会に駆けつけた農業者に激励され、寒風の中で手を振る人たちに鼓舞されながら、北の大地を駆け抜けた。

候補者九人の乱戦は七十九万八千票余りを獲得した高橋はるみが制した。磯田は四十二万八千五百四十八票。思いは形にならなかったが、それだけの人が自分の名前を書いてくれたことの重みを深くかみ締めた。

「道内には一万八千もの掲示板があった。そのすべてにポスターが貼られたんです。自分には組織はないし、アルバイトもいなかったのに……。どこの誰が、どうやって道内全域で貼ってくれたのか。今でも不思議でなりません」

道庁を去り、肩書は消えた。それでも、自身がこれまで進めてきた取り組みをさらに前進させることは、役職を纏わずとも出来るのだ。

「北海道主義」は道庁を飛び出して、さまざまに根を張り始めた。

「君の椅子」という名の小宇宙

二〇〇三年（平成十五）春の知事選から半年ほどが経つと、〝無職〟の磯田のもとにさまざまな依頼や要請が舞い込んできた。

旭川大学からは、大学院の特任教授になってほしいと請われた。学長からの依頼は、「地方自治の現場の体験や発想を学生に聞かせてやってほしい」というものだった。論文など一本も書いたことがないのに、大学の教授など務まるものだろうか。不安だったが、翌春、思い切って教壇に立った。

学生の眼差しを見ながら、磯田は若者たちに社会と接点を持つ体験をさせたいと思うようになっていく。北海道の潜在力や宝を、どう具体的な形にして大学側から市民に提示していけるか。そんな議論を重ねる日々が始まった。

二年目の夏休みの後のゼミで、秋田県大曲の盛大な花火大会を見てきた学生が、その凄さを興奮気味に話したことがあった。磯田の中で、何かが反応した。「一発の花火」の情景が思い浮かんだ。思わず学生たちに語りかけた。

「何万発も打ち上げる秋田の花火は確かに華やかだろう。でも、北海道には、たった一発だけれど素晴らしい花火がある」

旭川に近い愛別町の「ハッピーボーン」である。

愛別では、町に子どもが生まれると、有志団体「祝っちゃる会」が一発の花火を打ち上げている。「ドーン、ドン、ドン」と祝砲が空に鳴り渡ると、町民たちは新たな命の誕生を知り、町中で祝福をする。そんな温もりある「一発の花火」の取り組みが、小さな町で十数年前から続いていた。

思考が勢いをつけて回り始めた。ハッピーボーンの祝福を、地域の力を生かして違う形で表現できないか。旭川には誇るべき家具があり、優れた職人技もある。豊かな森林資源だってある。それらを結集すれば……。

以前、雑誌で読んだある逸話も思い出した。「一組の夫婦がレストランで食事をしたとき、料理を三人分注文した。三つ目は、亡くなった子どものためだった。始めのうち怪訝に思っていた店員は、事情を知ると『それでは椅子をお持ちしましょう』と、夫婦のそばに椅子をもう一脚用意した」

椅子は「居場所」なのだ。地域の力で居場所となる椅子をつくり、新生児に贈るのはどうだろう。

少子化は、ますます深刻だ。それに加えて、小さな子どもが被害に遭う悲惨な事件も後を絶たない。「向こう三軒両隣」の温もりも消えて久しい。そんな世の中で、小さな椅子は、地域全体で誕生を喜び合うきっかけになり、温かなものをもたらしてくれるのではないか。

イメージは、磯田の中で豊かな情景となっていく。――小さな町役場に出生届を出しに来たお父さん、お母さんが役場を出ていくとき、小脇に小さな椅子を抱えている。それを見たまちの人が「あっ、赤ちゃん生まれたんだね。おめでとう」と声をかける――

椅子の素材には、北海道の樹木を使うことにした。道産材へのこだわりは、磯田が上川支庁長時代に親交を深めた長原實の影響も大きい。

欧州などにも販売網を持つ旭川の家具メーカー「カンディハウス」の創業者である長原は、欧州で修行をしていた若いころ、道産のミズナラなどのオーク材が海外で高い人気を集めていることに愕然とする。国内では見かけることもなかったそれらの木材は、小樽港から輸出されることに因み、ヨーロッパで「オタルオーク」と呼ばれて高級家具に姿を変えていた。

道産材もまた足元の宝なのだ。「その価値が国内でも正当に評価されるべきだ」「いつか北海道で道産材を使い、世界に通用する家具を作りたいと思ったものだ」と、長原は熱く語っていた。磯田は「北海道の原材料供給体質を変えていかなければ……。これから道産のオーク材が津軽海峡を渡るときは輸出関税をかけることにしたいですね」と応じ、長原も深く共感する表情を見せた。その道産の木で子どもの椅子を作れば、まさに人生のスタートにふさわしい贈り物になる。

デザインに込める思いや安全性も重視した。磯田が最初にそれを託したのは、東京在住の建築家、中村好文だった。

中村は、絵本画家いわさきちひろの作品を集めた長野県の「安曇野ちひろ美術館」や、愛媛県の「伊丹十三記念館」などの設計で知られる。中村が子どもの椅子も手掛けたことがあると知った磯田が、たまたま札幌で開かれた「建築家展」に来場していた中村を訪ねた。

全くの初対面だったが、磯田は昼食に誘い、滔々と「君の椅子」のイメージを語った。蕎麦を食べながら話を聞いていた中村は、顔を上げ、「それは僕がやる」と声を弾ませた。後に磯田は「よくもそんな有名人に頼んだものだね」と驚く知人に、「いやいや、有名人に頼んだのではなく、頼んでみたら有名人だった」と笑い返したものだった。

「君の椅子」プロジェクトは二〇〇六年、東川町から始動した。磯田がこの構想を上川地方のいくつかの自治体関係者に説明したとき、聞いたその場で即決したのが東川町長の松岡市郎だった。

「町が事業としてやるには費用もかかるわけです。一度話を持ち帰って、予算を検討して決めてもいいことなのに、その場で『やりましょう』と。驚きました」と磯田。

松岡にはその時、やがて現出する風景が、くっきりと見えたのかもしれない。

東川はその十年ほど前から、高校の写真部が全国一を目指す「写真甲子園」を開催し、写真の町としてユニークな街づくりを進めていた。一方で、旭川家具の職人たちの多くが工房を構える家具の町でもある。そこにもう一つ、君の椅子の町という顔も加わることになった。

人口八千人余りの小さな町に子どもが生まれると、知らせを受けた磯田ら事務局が製作を担当する家具職人に連絡し、その子のための椅子づくりが始まる。使うのは、樹齢百数十年のミズナラ材が中心だ。

北の大地に根を張って、風雪に耐えながら天に枝を広げた樹木が、地域の職人の手で子どもの居場所に形を変え、座面の裏には、生年月日や名前が刻印される。新たな命に寄り添う、世界に一つしかない椅子。それを松岡や磯田が「生まれてくれて、ありがとう。君の居場所はここにあるからね」という思いを込めて届けるのだ。

座ることもできない乳児は、やがて腰をかけ、遊び、大きくなって椅子から離れていく。そこには無数の傷や落書きなど成長の跡が残されていく。森の時間を重ねた樹木、職人が磨いた地域の技、子どもの輝き、親たちの喜び。幾重にも重なった〝小宇宙〟が、そこにある。

新しい命が誕生するたびに、祝福の椅子が一脚ずつ作られた。町に生まれた子どもに

聞けば、誰もがその椅子を持っているというお伽噺のような風景が、ゆっくりと、誕生の数に合わせて広がっていく。

最初に中村が担当したデザインは、年ごとに変えることにした。著名な工芸家やデザイナーらが、それぞれに思いを込めた椅子を生み出し、「椅子を見たら、生まれた年が分かる」というスタイルも定着した。

東川に続き、プロジェクトは近隣の剣淵町、愛別町でも始まった。これが雑誌などで紹介されると、全国から問い合わせが相次いだ。磯田は、自治体が贈る枠組みとは別に、一般の人が地域の枠を越えて個人で参加することができる「君の椅子倶楽部」の仕組みもスタートさせた。

関西から倶楽部に参加した母親は、一歳を迎えた娘に、愛しさと感謝を込めて椅子を贈りたいと申し込んだ。娘は生まれたとき、わずか六百三十グラムの超未熟児だった。始めのうちは親の胸に抱かれることもかなわず、新生児集中治療室の保育器で懸命に生き、生命の危機を乗り越えていた。

その女の子が椅子に座る姿を見たいと、磯田は関西の自宅を訪ねたことがある。椅子につかまり立ちする子どもに目を細めた磯田は、「この子が成長して『君の椅子』を見たとき、自分がどれだけのものに包まれていたか、気づくことでしょう」と語った。

「倶楽部」への参加申し込みは、欧州や東南アジアなど海外からも届いた。死期が迫る中で孫に椅子を届けたいと伝えてきた女性もいた。一脚ずつ、さまざまな物語が綴られていった。

「日本が息をのみ、言葉を失った日」

東日本大震災が起きた二〇一一年三月十一日を、磯田はそう表現する。

被災地は激震に襲われ、津波にのまれ、劫火に見舞われ、さらに福島第一原発の事故がのしかかった。想像を絶する現実。死者・行方不明者の数に圧倒され、助かった住民たちの置かれた現実に心を凍らせながら、磯田は次第に「あの日も、産声は響いていたはずだ」という思いを強めていた。

凄惨なニュース映像からは見えてこない「誕生」。子どもたちは、親たちは、壮絶な現実の中でどう過ごしているのか。考えるほどに、いたたまれなさが募った。やがて巡ってくる一歳の誕生日は、大震災一年目の鎮魂の日になる。誕生祝いのケーキに一本の蝋燭を立てることさえ、はばかられるだろう。

苦しむ家族に、「生まれてくれてありがとう」のメッセージを込めた「君の椅子」を贈れば、このプロジェクトが少しでも役割を果たせるのではないか。

磯田は、プロジェクトに参加していた東川、剣淵、愛別町の関係者と相談し、岩手、宮城、福島の東北三県のすべての自治体（当時は百二十八市町村）に出生届を照会する手紙を出すことにした。

役場の機能も失われている自治体が少なくない中で、そうした依頼をするのは気が引けたが、思い切って出した手紙に、少しずつ返事が届いた。五か月をかけた調査で、途方もない命が絶たれたあの日に、東北三県で百四の命が誕生していたことが分かった。

その子どもたちに「世界に一つだけの椅子」を届けるには、それぞれの名前も把握しなければならない。プロジェクトのメンバーはさらに被災地とやり取りを続け、九十八人の名前を特定していった。

それまで見えなかった大震災のひとつの断面が、くっきりと浮かび上がった。

磯田は全道に呼びかけて寄金を募り、椅子の製作に取り掛かった。震災の日に生まれた子どもの成長は、被災地の復興の歩みに重なり、東北の希望になってくれるに違いない。そんな思いを込めて「希望の『君の椅子』」と名付けた。座面の裏には、個々人の名前に加え、「たくましく未来へ」の八文字も刻印した。

年の瀬の十二月、椅子を届ける磯田の旅が始まった。最初に訪ねたのは岩手・宮古市の家族だった。椅子に座った生後九か月の女の子を抱き上げながら、市長が言った。「私たちはあの日、新しい生命が生まれていたことに思いが及ばなかった。しかし、言われてみると、この子は宮古の希望だ」

宮古市は、大震災で二百五十六人の市民を失っていた。宮古市長が「新しい生命」に思いが及ばないとしてもやむを得ないことだったが、その一言は、椅子に込めた思いそのものだった。

翌年二月にかけて、磯田は椅子を持って岩手、宮城、福島と被災地を歩いた。被災三県を分担して対応してくれた東川、剣淵、愛別の各町長にも、それぞれ担当した県に同行してもらった。予想していた通り、「3・11」生まれを素直に喜べないでいる親がほとんどだった。しかし、椅子を手にして、その苦しみが次第に癒されていくようだった。

「震災の子と言われてきたけど、希望の子だと言われて救われました」

「生まれてから、初めて『おめでとう』と言われたような気がします」

椅子を届ける旅をしながら、磯田は多くの家族の壮絶な体験を聞いた。ある母親は分娩室で激震に見舞われた。機材が倒れ、照明が激しく揺れながら点滅を繰り返す。夫が妻の上半身を抱えるようにして、看護師は覆いかぶさって母子を守った。子どもを産んだ直後、自身の母親を津波で亡くした女性もいた。

その経験を文字で残したいと思い立った磯田の依頼に、二十九の家族が応えて手記を寄せ、後に一冊の本がまとまった。一人の父親は「三月十一日に生まれる命は百四ではなかったかもしれない。お腹の中で津波の犠牲になった命もあったのではないか」と書いた。子どもたちには、誕生が叶わなかった命があったことを想像できる力を持って成長してほしい。そんな願いがこもっていた。

「君の椅子」プロジェクトは、同じ上川管内の東神楽町でもスタートし、二〇一五年には初の道外の自治体、長野県南部の売木村でも始まった。さらに三年を経て、福島県葛尾村が参加した。葛尾は、東日本大震災で全村避難の過酷な時を過ごした村である。

被災から七年が過ぎても、村民の帰村率が約二割という厳しい状況のなか、「人々の絆という希望を取り戻したい」とプロジェクトに参加した。最初の椅子の贈呈式には、村外の避難先で出産し、椅子を受け取りに駆け付けた家族の姿もあった。その年の九月に発生した北海道胆振東部地震の被災地で三十七人の町民が犠牲となった厚真町も、椅子の輪に加わった。

最も直近では、北海道の西部に位置する神恵内村、泊村、真狩村、留寿都村が「後志《しりべし》君の椅子の村」として手を組み、四村が一緒に参加。小さな村だからこそ、「一人ひとりの生命を大切に」という強い思いが伝わってくる。また、稚内に近い人口一千七百弱の中頓別町も、町長の八年越しの思いを形にして加わった。

未来の椅子制作のために東川町の一画で「君の椅子の森」づくりにも取り組み、椅子を贈られた家族が交流できる「植樹祭」も実施した。それらの歩みが評価され、「サントリー地域文化賞」(二〇一五年)も受賞している。

大学のゼミでの花火の会話がきっかけで始まったプロジェクトが、これほどの広がりを見せるとは、磯田自身も思ってもみなかった。

国内の椅子研究の第一人者で武蔵野美術大学名誉教授の島崎信は、「機能性やデザインだけでなく、誕生を祝う思いを椅子に込める、心の琴線に触れる取り組みに感銘を受けた。『目から鱗が落ちる』どころか、目から『瓦が落ちる』ほどの衝撃だった」と、取り組みを知った時の驚きを隠さない。

十年後、二十年後、「君の椅子」で成長した子どもたちが、どこかで出会い、新しい人の輪をつくってくれるかもしれない。そんな想像も掻き立てられる

エピローグ

日本を代表する家具メーカー「カンディハウス」の創設者で、「君の椅子」の良き理解者だった長原が、二〇一五年十月、この世を去った。

その二年前の夏、長原が札幌の北海道文化財団の理事長室に磯田を訪ねてきた。「ものづくりの人材を育てるために私財をあなたに託したい」という申し出だった。長原はこの時すでに、重い病と闘う身だった。かねてより「モノづくりは人づくり」と語っていた強い意志に、深く感じ入った。

長原からは、さまざまな話を聞かされてきた。

「木は育つ場所を選べない。日当たりの悪い北側の斜面で曲がって育った木も、その役割がある」

「真っすぐな木だけに価値があるのではない。家具はその木の個性を生かして作るべきものだ」

示唆に富んだ奥深い言葉の数々。そして、託されたものの重み……。

長原からの寄付などをもとに、磯田は文化財団の中に、若手の職人やクリエーターらを支援する基金を創設した。長原が晩年に取り組んだ家具シリーズ「一本技」に敬意をこめて、基金の愛称を「人づくり一本木基金」と付けた。

これによって動き出した給付型の奨学支援事業などが、長原亡きあとも、〝ものづくり〟の道を歩む多くの若者たちの背中を押している。長原イズムが根となって、後継者らが幹や枝となる大樹が、この北海道で大きく育ち始めている。

さらに磯田は、文化財団の開設二十年を機に、財団として四つ目の基金となる「アート選奨K基金」を設けた。磯田のポケットマネーによる〝ささやかな〟規模のものだが、地域にあって多くの人たちに〝恵愛〟される活動を積み重ねてきた人たちに感謝の思いを込めて贈られる賞だ。

第八回となる二〇二二年度の「アート選奨K基金賞」は、長くかかりつけ医として地域の人々の心と身体に寄り添い続けてきた、奈井江町在住の方波見康雄医師、そして北海道の演劇界の発展に献身してきた舞台人の斎藤歩の二人に贈られる。

三十六年間の道庁マン時代も、組織を離れてからも、磯田の眼差しはいつも「北海道」に向けられていた。その大地から力をもらい、導かれるように、今も旅は続いている。「君の椅子」プロジェクト代表、北海道文化財団の理事長、農業・農村のすそ野の広がりを目指すHAL《ハル》財団理事長……。いくつもの要職を務めながら、二〇一九年春からは三百数十人が学ぶ東川町の北工学園の理事長職も担っている。

この学園には、介護福祉学科などのほかに日本語学科がある。学生の半分はアジアの各国からやってきた若者たちだ。

「道内でも留学生や実習生の問題は深刻です。彼らは『労働力』として見られがちですが、北海道の小さな町で異国暮らしをしながら学ぶ姿をみて、『労働力』ではなく『市民』として一緒に暮らすために我々がやるべきことがあると思えたんです」

北海道は、もちろん北海道だけで存在するのではない。日本の中の北海道、アジアの中の北海道、そして世界の中で鮮やかな光を放つ北海道。その力を、価値を、もっと輝かせたい。

その年の六月、磯田は北工学園の運動会に駆けつけた。多くの留学生が競い合う運動会は、さながらアジア大会だった。見学だけのつもりだったが、勧められて磯田は「大玉転がし」に参加した。神々が遊ぶという大雪山系の威容を望むグラウンド。空が高い。ゴールは遥か向こうだ。賑やかな歓声と声援が聞こえる。

磯田は大地を踏みしめ、ゆっくりとスタートを切った。

本書は朝日新聞北海道版朝刊に、二〇一九年（令和元）六月一日から同年八月三日まで、「HokkaidoHumanStory　大地の理」のタイトルで連載（全10回）されたものです。書籍化にあたり、大幅に加筆修正を行いました。

磯田 憲一（いそだ・けんいち）

一九四五年生まれ。明治大学卒。渡島支庁（現・渡島総合振興局）地方部長、生活文化課長、政策室長、上川支庁長（現・上川総合振興局長）、総合企画部長などを経て、二〇〇一年〜〇三年に副知事。現在、北海道文化財団理事長、新しい生命に椅子を贈る「君の椅子」プロジェクト代表、ＨＡＬ財団（旧北海道農業企業化研究所）理事長、外国人への日本語教育や介護福祉の人材育成などを目指す北工学園理事長、安田侃彫刻美術館アルテピアッツァ美唄館長、旭川市立大学客員教授などを務める。編著書に『３・11に生まれた君へ』（北海道新聞社、二〇一四）、『遥かなる希望の島』（亜璃西社、二〇一九）がある。

〈北海道　大地の理〉

特別寄稿

中西拓郎（一般社団法人ドット道東　代表理事）
山崎幹根（北海道大学公共政策大学院　教授）

「試される大地。」という誇り

中西拓郎

私が磯田さんのことを知ったのは、著書『遥かなる希望の島』を拝読した時であった。本作でも触れられている北海道庁時代の業績や、道民なら誰もが知るであろう言葉「試される大地。」など、数々のエピソードに心が震えた。

私は北海道の東側・道東の北見市という町に生まれ、現在もこの町で暮らしている。北海道と聞いて多くの方がイメージするのは、札幌・旭川・函館など知名度の高いエリアである。私はそこから遠く離れた道東のことを、少しの自虐とある種の覚悟を持って「じゃない方」であると形容している。それは大勢に迎合せず、「道東だからできる」「道東でしかできない」という、「じゃない方」だからこそそのオリジナリティーを求めることが、ここで暮らしていく豊かさだと考え、ドット道東の事業をおこなっているからだ。

そんな中にあって、磯田さんが本書や著書の中で述べられている北海道という島の自主自律の精神は、まさに「道東」というアイデンティティを自分ごとにしていこうとしている私たちにとって、とても心強いメッセージの数々である。

本書の中に「点灯虫運動」について書かれた「言葉を響かせ、常識に挑む」という章がある。「『常識』は、魔物かもしれない。バランス良く物事をこなす指針にもなれば、冒険をせず、変革を妨げる足枷にもなる」という書き出しから始まるこの一節に、磯田さんの当たり前を当たり前とせず、足下の本当の価値を見つめ続けている姿勢をひしひしと感じている。何が大事で、どこを向いていくのか。常にその「理《ことわり》」と向き合い続ける姿勢を磯田さんは示してくれている。

前提条件や環境、常識がいとも簡単に崩れ去ってしまう今、自らが何者であるかを社会が既定してくれない時代に突入したことを感じる。そんな時代にこそ、まさに北海道という大地に自らが試され、奮い立たされ、生きていく強さが必要になってくるのではないだろうか。

以前、「試される大地からの地域戦略」という磯田さんの講演録（日本物流学会第十九回大会、二〇〇二年〔平成十四〕九月五日）を、ＳＮＳにアップロードしたことがある。私の感想として、「二十年も前のスピーチなのに、今の時代にこそ必要な価値観だ」という旨のコメントも添えさせてもらった。その折りに、以前から磯田さんを応援していらっしゃるという方から、「二十年、もったいないですね」というコメントをいただいた。

まさにその通りで、磯田さんの持つ価値観や目指していた世界観は、今なお燦然と私たちの前で輝き続けている。願わくば、それがもっと早くに実現され、その先の未来を見ていたかったなとも思う。そう、北海道は「その先の、道へ。」を発信する以前の段階にすら、いまだ辿り着けていない。

磯田さんが本書やあらゆる活動の中で指し示してくださっている価値観や世界観が、一刻も早く「常識」になってほしいと強く感じている。そしてこれからの時代を生きる北海道民は、北海道の「その先」を描いていかなくてはいけない。それは本書を読んでくださった読者の方、ひとりひとりのアクションや心構えにかかっているし、私自身もその一端を担えるように、これからも日々精進していきたいと考えている。

最後に私のような若輩者に自著の大事なページを割いてくださった著者の秋野様、版元の亜璃西社の皆様、そして身にあまる光栄な機会を与えてくださった磯田さんに対し、心より感謝を申し上げたい。

なかにし・たくろう　一九八八年（昭和六十三）北見市生まれ。防衛省入省後、二〇一二年（平成二十四）まで千葉県で過ごしたのち、Uターン。二〇一五年『道東をもっと刺激的にするメディア Magazine 1988』創刊。二〇一七年一般社団法人オホーツク・テロワール理事・『HARU』編集長就任。二〇一九年道東地域を繋ぐハブとして一般社団法人ドット道東を設立、代表理事に就任。ローカルメディア運営ほか、編集・プロデュース・イベント企画など、道東を繋ぐ仕事を幅広く手がける。

北海道スタンダードを目指して――解説に代えて

山崎幹根

磯田憲一さんは、一九八〇年代から二〇〇〇年代前半にかけて北海道職員として活躍された。その間の足跡は本書のとおりであり、繰り返すまでもない。ここでは、磯田さんが奮闘していた時代を、また、北海道という地域がどのような課題を抱えていたのかを振り返ることで、磯田さんが手がけた政策の意義や今日に通じる普遍性をより鮮明にできればと思う。

磯田さんの道職員人生の大半は、日本の政治・行政が「改革の時代」を迎えていた時期と重なる。自由民主党の長期政権が続く中、リクルート事件、佐川急便事件など「政治とカネ」をめぐる問題が生じたことを受け、また、非自民連立政権が誕生したこともあり、政治腐敗の防止や選挙制度改革など「政治改革」がすすめられた。

一方、行政のしくみも、監督する立場にある中央省庁と業界団体の不透明な関係や、時代遅れとなった大規模公共事業などが問題とされた。大蔵省の金融行政、厚生省の薬事行政で事件が発生した。戦後日本の行政のあり方が見直しを迫られ、当時の歴代内閣は、透明性の確保、規制緩和、さらには首相のリーダーシップ確立を柱とした内閣機能の強化などを目指した「行政改革」を次々と実行した。また、戦後五十周年を迎えた一九九五年には、日本の政治・行政のみならず社会のあり方が問われた阪神淡路大震災、オウム真理教事件が起こり、多くの人々に衝撃を与えた。

こうした流れの中、「地方分権改革」もかつてない関心を集めた。この頃、中央政府が法令による規制や補助金の配分を通じて、全国の地方自治体を画一的に統制し、事務を執行するしくみの問題点が露呈するようになった。中央集権的な体制によって地方自治体が地域の独自性を追求しようとした政策の形成や執行を制約されたり、非効率な事務の執行の弊害が次々と明らかになった。これに対して、全国の地方自治体が一致して、そして超党派で国会も地方分権改革を進めようとした。一九九四年に、自民党・社会党・新党さきがけによる連立政権が発足、村山富市内閣の官房長官が元旭川市長の五十嵐広三であったことも「地方分権改革」を後押しした。国から地方自治体への関与を縮小し、国と地方との関係を対等協力であることを原則とする地方分権改革は、一九九九年に地方分権一括法が成立し、翌年から施行されることによって実現した。

同じ頃、全国でも「地方分権改革」の推進を標榜し、ユニークな実践を試みる改革派首長と呼ばれる知事や市町村長が注目された。改革派首長は情報公開を徹底し、住民への説明責任の確保、効率的な地方自治体運営をするために、従来のしきたりにとらわれない新たな手法を率先して採り入れた。当時、三重県の北川正恭知事、宮城県の浅野史郎知事、鳥取県の片山善博知事らの言動が脚光を浴びるようになる。磯田さんが堀達也知事の下で手掛けた数々の試みは、こうした全国の「地方分権改革」の流れ、改革派首長の言動と軌を一にしていたのみならず、「時のアセスメント」のように全国の最先端を行き、他の自治体や国に波及していった先進的な事例もあった。

それとともに、磯田さんは北海道が抱える宿命的ともいえる課題と向き合い、その解決のために北海道の「自立」の実現に取り組んできた。周知のとおり、北海道は他府県と比べて、広域分散型の社会構造、積雪寒冷という条件、首都圏から見れば遠隔地であり国境隣接地域である。そのことが、産業構造の高度化や人口の増加など地域の活性化を制約する要因としても作用してきたし、そのことは今日でも当てはまる。同時に、北海道の中央依存体質、道民や地域の官依存体質の脱却がずっと求められてきた。歴代の北海道知事も政治的な立場の違いに関わらず、北海道の「自立」と「豊かさ」の実現に向けて、試行錯誤を重ねてきた。横路孝弘知事は、北海道を「北の拠点」として産業の国際化を進める一方、市町村が持っている地場の資源や人材を見直し、活用した「一村一品運動」を奨励した。その後の堀達也知事の時代には、北海道拓殖銀行の経営破綻、「官官接待」に伴う道庁不正経理問題の発覚、官製談合事件など、今まで以上に北海道の「自立」と「豊かさ」をいかに実現させるかという難題とともに、北海道も「改革の時代」に直面することになる。一九九九年には「自主・自律の北海道をめざして――構造改革の基本方向」と題する文書が発表され、「北海道スタンダードの創造」が目指された。

北海道での「地方分権改革」の実践を振り返れば、横路知事時代から「北海道は市町村の事務局」として、市町村との対等な関係を上下主従ではなく対等なものへと変えてゆくことが意識されるようになった。磯田さんが手がけた北海道の政策や条例も「地方分権改革」の成果といえる。さらに、ユニークなまちづくりや先進的な政策の実践で、全国的にも注目される市町村が道内から幾つも出てきた。

「行政改革」では、北海道という巨大な行政組織が持っていた旧いお役所文化を見直し、制度やルールの改正に止まらず、道職員の意識改革や行動の転換が求められた。さらに、北海道の中で政治・行政のみならず社会・経済の分野でも大きな存在を占めていた公共事業のあり方も再考されるようになった。その背景には、半永久的に多額の事業費を注ぎ込んでも完成しない事業やプロジェクトに対する批判に加えて、この間の公共事業により社会資本整備の水準が向上したという要因がある。それゆえ、「ハードからソフト」、すなわち公共事業による基盤整備に止まらず、これをいかに活用するか、さらには他分野の政策の充実へと関心が広がっていった。

磯田さんは、こうした「改革の時代」の中で北海道の「自立」に求められている諸課題に向き合ってきた。それではなぜ、磯田さんは数々の困難な状況の中で、不可能を可能にさせ、今日においても色あせることのない先進的な政策を実現できたのだろうか。筆者なりの見立てでは三つの点がカギになると思われる。第一に、理想を明確な言葉にして語ることの大事さである。望ましい北海道の姿を実現するために達成すべき理念や価値が不可欠であることは言うまでもない。しかしながら、それが抽象的なものでも難解なものであってもいけない。多くの人々に理解され、心に伝わるメッセージとして「翻訳」され、表現される必要がある。「試される大地。」は、北海道の新しい生き方を提示し、発信するためのキャッチフレーズであった。「時のアセスメント」は、時間というものさしによって公共事業を点検・再評価するしくみの名称である。足元の価値の再発見を目的とした「北海道暮らし」という冊子も、「さがしものは、北海道にありそうです」というフレーズが入ることによって、人々の関心がいっそう高まる。理想をわかりやすく表現するためには、普段から豊かな感受性を持ち合わせ、言葉がコミュニケーションの上で果たす役割を熟知していなければならない。

第二に、政策につながるアイデアの豊富さだ。音声付のスライド上映会による灯油の共同購入PR、点灯虫運動、ひっぱりダコ、ランダムカット方式、北海道遺産、君の椅子……。気付きを机上に止まらせるだけではなく、実際の事業に結実している。さらに、これらの事業の大半がお金を費やさなくても成果を得ることを可能にしているところがいっそう興味深い。

第三に、政策の実現を可能にさせる人的ネットワークの重要性である。磯田さんはお役所に籠り、執務をこなすタイプの職員ではなく、一貫して現場主義であり、外部の人々との交流を大事にしてきた。こうして築きあげられた人脈を通じて、北海道地域文化選奨の価値を高める副賞として彫刻家の安田侃の作品を十年間無償で提供されるという快挙が実現した。「試される大地。」の選定に際しては、脚本家の倉本聰がトータルプロデューサーを務めた。君の椅子プロジェクトの実現には、カンディハウス創業者の長原實、建築家の中村好文、東川町長の松岡市郎らとの交流があった。

磯田さんが今日まで一貫して追求してきた北海道という地域の価値や魅力を高めるという理念、それを実現させるための数々の政策やアイデアは、こうして振りかえって見ると現代にも通じる普遍性があることがわかる。われわれはそこから学び、いろいろな教訓を引き出すことが可能だ。一方で、それは北海道を取り巻く「改革」、そして「自立」が未だ達成できていないことをも意味する。北海道はまだまだ試されている。

やまざき・みきね　一九六七年（昭和四十二）三重県生まれ。一九九五年（平成七）北海道大学大学院法学研究科博士課程単位取得退学後、釧路公立大学助教授、北海道大学法学研究科助教授を経て、二〇〇五年北海道大学公共政策大学院助教授、二〇〇七年より同教授となる（二〇一三～一四年は公共政策大学院院長）。専攻は地方自治論、行政学。博士（法学、北海道大学）。主な著書に『国土開発の時代 戦後北海道をめぐる自治と統治』（二〇〇六、東京大学出版会）、『地方創生を超えて――これからの地域政策』（共編著、二〇一八、岩波書店）など。

◇**著者略歴**　秋野 禎木（あきの・ただき）

一九五九年（昭和三十四）、北海道小平町生まれ。札幌開成高校、北海道大学経済学部卒業。高校、大学ともに野球部に所属し、北海道大学では一九八一年秋の北海道六大学リーグで最優秀投手賞、ベストナインを獲得。一九八三年、朝日新聞社入社。主に北海道報道部の遊軍記者として活動し、同部次長、東京編集局生活部次長なども務めた。二〇一九年（令和元）十月、朝日新聞社を退職後、北海道大学野球部監督に就任。

北海道《ほっかいどう》 大地《だいち》の理《ことわり》

北の鼓動に耳を澄ませて

2023年6月14日　第1刷発行

著　者　秋野禎木《あきのただき》
編集者　井上　哲
発行者　和田由美
発行所　株式会社亜璃西社
〒060-8637
札幌市中央区南2条西5丁目6-7 メゾン本府7階
電　話　011-221-5396
ＦＡＸ　011-221-5386
ＵＲＬ　http://www.alicesha.co.jp/
装　丁　江畑菜恵
印刷所　藤田印刷株式会社

ISBN978-4-906740-55-0 C0031

亜璃西社の本